AUDIOAKTIV

Dr. med. Hans Grünn

2 CDs

MEDITATION

Der Weg zu innerer Harmonie und Ausgeglichenheit

AUDIOS/CDs · VIDEOS · BÜCHER

Audiocassetten und CDs

Reihe „Einfach zuhören ... " von Dr. Hans Grünn
Schlank werden und bleiben / Nichtraucher werden / Selbstbewusster werden / Gedächtnis verbessern / Sich vom Stress befreien / Konzentration verbessern / Sich entspannen / Angst besiegen / Liebe und Partnerschaft / Positiv leben / Sexuelles Erleben / Erfolgreicher werden / Kreativität wecken / Sich von Depressionen befreien / Wieder gut schlafen / Innere Heilkraft wecken / Einsamkeit überwinden / Effektiver arbeiten / Schmerzen lösen / Menschenkenntnis gewinnen / Freunde gewinnen / Leichter lernen / Konflikte positiv lösen / Gesünder leben / Talente und Fähigkeiten wecken / Willenskraft und Selbstdisziplin entwickeln / Zweifel und Unsicherheit überwinden / Probleme lösen / Lebenskrisen meistern / Sich durchsetzen lernen
(je Thema 2 Audiocassetten 15,90 Euro oder 2 CDs 19,90 Euro)

Hörprogramm „Ganzheitliches Heilen" von Dr. Hans Grünn
Herzinfarkt / Krebs / Bluthochdruck / Kopfschmerzen / Allergien
(je Thema 2 Audiocassetten 19,90 Euro)

Weitere Hörprogramme von Dr. Hans Grünn
Autogenes Training / Mentales Training / Positive Affirmationen / Selbsthypnose / Meditation / Immunkraft / Entspannungstechniken / Progressive Muskelentspannung / Schlank durch richtiges Essen
(je Thema 2 Audiocassetten 18,90 Euro oder 2 CDs 23,90 Euro)

Videos

Lernprogramme zu
Yoga / Tai Chi / Qi Gong / Meditation / Fünf tibetanische Übungen / Autogenes Training / Bauchtanz / Massage / Partnermassage / Fußreflexzonenmassage / Aromatherapie / Shiatsu / Stretching / Rückenschmerzen / Osteoporose-Gymnastik / Fasten / Nichtraucher werden / Kung Fu / Fitness / Walking / Golf / Tennis / In-Line-Skating / Karate
(je Video 15,90 bis 25,90 Euro)

Bücher

Dr. Hans Grünn: Die innere Heilkraft — Sie haben die Kraft, sich selbst zu heilen
(ca. 240 Seiten, 17,90 Euro)

AUDIOAKTIV

Dr. Hans Grünn
Einfach zuhören und ...

Gibt es in Ihrem Leben Dinge, die Sie gern ändern möchten? Zum Beispiel schlank werden, Selbstbewusstsein gewinnen, Nichtraucher werden oder Ihr Gedächtnis verbessern?

Die Wissenschaft hat einen Weg gefunden, wie Sie diese und andere Ziele überraschend leicht erreichen können. Er führt über die Aktivierung des natürlichen Potenzials Ihres Unterbewusstseins.

Das innere Kräftepotenzial der meisten Menschen ist durch einengende Vorstellungen und unbewusste negative Programmierungen blockiert. Solange diese nicht beseitigt sind, führen selbst größte Disziplin und eiserner Wille nicht zu einer dauerhaften persönlichen Veränderung.

Das AUDIOAKTIV Hörprogramm von Dr. med. Hans Grünn hilft Ihnen zum einen, neue positive Einstellungen zu gewinnen, und befreit Ihr Unterbewusstsein zudem von hinderlichen Programmierungen. Damit wird es in die Lage versetzt, seine überlegene Kraft für Ihre Ziele einzusetzen. Einen besseren Verbündeten gibt es nicht.

Auf Sie warten neue Möglichkeiten. Lassen Sie sich überraschen.

Cassette 1/CD 1

Dr. med. Hans Grünn führt Sie zuerst in einen Zustand wohltuender Ruhe und Entspannung. Danach werden mit Hilfe wirksamer Selbsthilfe- und Therapietechniken die Weichen für die gewünschte Veränderung in Ihrem Leben gestellt. Legen Sie die Cassette/CD ein und machen Sie es sich bequem. Ihr natürliches Kräftepotenzial wurde noch nie auf so angenehme und sanfte Weise aktiviert.

Die Musik

des AUDIOAKTIV Audioprogramms wurde für jeden Titel speziell komponiert. Sie macht es Ihnen leicht, sich vollkommen zu entspannen.

Cassette 2/CD 2
Subliminalteil

Auf dieser Cassette/CD setzt Dr. med. Hans Grünn die Subliminal-Technik ein. Subliminal-Cassetten/CDs sind bereits millionenfach im Gebrauch. Sie stellen einen Durchbruch in der Arbeit mit dem Unterbewusstsein dar. In die Musik dieser Cassette/CD sind wirkungsvolle positive Botschaften (Affirmationen) eingebettet, die Sie bewusst nicht hören können, die jedoch von Ihrem Unterbewusstsein aufgenommen werden. Der Text der positiven Botschaften liegt bei.

Sie können diese Cassette/CD ergänzend zu Cassette 1/CD 1 hören. Sie wird Sie nicht von Ihrer jeweiligen Tätigkeit ablenken.

Nur die Bestell-Nr. 201 bis 230 und 601 bis 630 enthalten eine Subliminal-Cassette/CD.

Einfach zuhören und schlank werden und bleiben
(2 Cass. · Best.-Nr. 601 / 2 CDs · Best.-Nr. 201)
Einfach zuhören und Nichtraucher werden
(2 Cass. · Best.-Nr. 602 / 2 CDs · Best.-Nr. 202)
Einfach zuhören und selbstbewusster werden
(2 Cass. · Best.-Nr. 603 / 2 CDs · Best.-Nr. 203)
Einfach zuhören und das Gedächtnis verbessern
(2 Cass. · Best.-Nr. 604 / 2 CDs · Best.-Nr. 204)
Einfach zuhören und sich vom Stress befreien
(2 Cass. · Best.-Nr. 605 / 2 CDs · Best.-Nr. 205)
Einfach zuhören und die Konzentration verbessern
(2 Cass. · Best.-Nr. 606 / 2 CDs · Best.-Nr. 206)
Einfach zuhören und sich entspannen
(2 Cass. · Best.-Nr. 607 / 2 CDs · Best.-Nr. 207)
Einfach zuhören und die Angst besiegen
(2 Cass. · Best.-Nr. 608 / 2 CDs · Best.-Nr. 208)
Einfach zuhören und in Liebe und Partnerschaft glücklich werden
(2 Cass. · Best.-Nr. 609)
Einfach zuhören und positiv leben
(2 Cass. · Best.-Nr. 610 / 2 CDs · Best.-Nr. 210)
Einfach zuhören und das sexuelle Erleben bereichern
(2 Cass. · Best.-Nr. 611)
Einfach zuhören und erfolgreicher werden
(2 Cass. · Best.-Nr. 612)

Dr. Hans Grünn

ist Arzt und Therapeut. Er arbeitet in Deutschland und Kalifornien. Sein besonderes Interesse gilt den Selbstheilungskräften und der Selbstentfaltung.

Als Audio-Cassette:
Jeder Titel 2 Cassetten,
15,90 € · 29,80 sFr

Als CD:
Jeder Titel 2 CDs,
19,90 € · 39,80 sFr

Gesamtlänge
ca. 100 Minuten.

(Unverbindliche Preisempfehlungen)

Einfach zuhören und die Kreativität wecken
(2 Cass. · Best.-Nr. 613)

Einfach zuhören und sich von Depressionen befreien
(2 Cass. · Best.-Nr. 614 / 2 CDs · Best.-Nr. 214)

Einfach zuhören und wieder gut schlafen
(2 Cass. · Best.-Nr. 615 / 2 CDs · Best.-Nr. 215)

Einfach zuhören und die innere Heilkraft wecken
(2 Cass. · Best.-Nr. 616 / 2 CDs · Best.-Nr. 216)

Einfach zuhören und die Einsamkeit überwinden
(2 Cass. · Best.-Nr. 617 / 2 CDs · Best.-Nr. 217)

Einfach zuhören und effektiver arbeiten
(2 Cass. · Best.-Nr. 618)

Einfach zuhören und Schmerzen lösen
(2 Cass. · Best.-Nr. 619 / 2 CDs · Best.-Nr. 219)

Einfach zuhören und Menschenkenntnis gewinnen
(2 Cass. · Best.-Nr. 620)

Einfach zuhören und Freunde gewinnen
(2 Cass. · Best.-Nr. 621)

Einfach zuhören und leichter lernen
(2 Cass. · Best.-Nr. 622 / 2 CDs · Best.-Nr. 222)

Einfach zuhören und Konflikte positiv lösen
(2 Cass. · Best.-Nr. 623)

Einfach zuhören und gesünder leben
(2 Cass. · Best.-Nr. 624 / 2 CDs · Best.-Nr. 224)

Einfach zuhören und Talente und Fähigkeiten entdecken
(2 Cass. · Best.-Nr. 625)

Einfach zuhören und Willenskraft und Selbstdisziplin entwickeln
(2 Cass. · Best.-Nr. 626 / 2 CDs · Best.-Nr. 226)

Einfach zuhören und Zweifel und innere Unsicherheit überwinden
(2 Cass. · Best.-Nr. 627 / 2 CDs · Best.-Nr. 227)

Einfach zuhören und Probleme lösen
(2 Cass. · Best.-Nr. 628 / 2 CDs · Best.-Nr. 228)

Einfach zuhören und Lebenskrisen meistern
(2 Cass. · Best.-Nr. 629)

Einfach zuhören und sich durchsetzen lernen
(2 Cass. · Best.-Nr. 630)

www.langemedia.de

AUDIOAKTIV

Dr. Hans Grünn
Ganzheitliches Heilen

Zuerst gibt Dr. med. Hans Grünn einen aktuellen Überblick über die alternativen Therapien, die von der ganzheitlichen Medizin zur Vorbeugung und Heilung der jeweiligen Krankheit entwickelt wurden. Anschließend führt er den Zuhörer durch eine Heilungsreise, mit deren Hilfe die Selbstheilungskräfte aktiviert und unterstützt werden.

Allergien
(2 Audio-Cass. · Best.-Nr. 405 · 19,90 € · 39,80 sFr)

Bluthochdruck
(2 Audio-Cass. · Best.-Nr. 403 · 19,90 € · 39,80 sFr)

Kopfschmerzen
(2 Audio-Cass. · Best.-Nr. 404 · 19,90 € · 39,80 sFr)

Krebs
(2 Audio-Cass. · Best.-Nr. 402 · 19,90 € · 39,80 sFr)

Herzinfarkt
(2 Audio-Cass. · Best.-Nr. 401 · 19,90 € · 39,80 sFr)

AUDIOAKTIV

Dr. Hans Grünn Selbsthilfetechniken

Dr. med. Hans Grünn hat ein Hörprogramm geschaffen, das Sie mit bewährten Selbsthilfetechniken vertraut macht. Sie lernen, wie Sie diese Techniken in Ihrem Leben einsetzen können und welche Möglichkeiten sich damit erschließen.

Entspannungstechniken
Dr. Hans Grünn führt Sie in sechs bewährte Entspannungstechniken ein: Atemübungen, Progressive Muskelentspannung, Autogenes Training, Visualisierungen, Selbsthypnose und Meditation.
(2 Audio-Cass. · Best.-Nr. 507 · 18,90 € · 37,80 sFr / 2 CDs · Best.-Nr. 242 · 23,90 € · 47,80 sFr)

Autogenes Training
Das Autogene Training ist eine der bekanntesten Entspannungsmethoden. Es hilft bei Stress und vielen Gesundheitsstörungen. Dr. Hans Grünn bringt es Ihnen Schritt für Schritt bei.
(2 Audio-Cass. · Best.-Nr. 501 · 18,90 € · 37,80 sFr / 2 CDs · Best.-Nr. 236 · 23,90 € · 47,80 sFr)

Mentales Training
Mit Mentalem Training gelingt es nicht nur Sportlern, Spitzenleistungen zu erzielen. Auch Sie können diese wirksame Methode jederzeit für Ihre beruflichen und privaten Ziele einsetzen.
(2 Audio-Cass. · Best.-Nr. 502 · 18,90 € · 37,80 sFr / 2 CDs · Best.-Nr. 237 · 23,90 € · 47,80 sFr)

Positive Affirmationen
Mit Positiven Affirmationen aktivieren Sie Ihr inneres Kräftepotenzial. Positive Affirmationen lassen sich in jedem Lebensbereich anwenden. Dr. Hans Grünn zeigt Ihnen, wie man das macht.
(2 Audio-Cass. · Best.-Nr. 503 · 18,90 € · 37,80 sFr / 2 CDs · Best.-Nr. 238 · 23,90 € · 47,80 sFr)

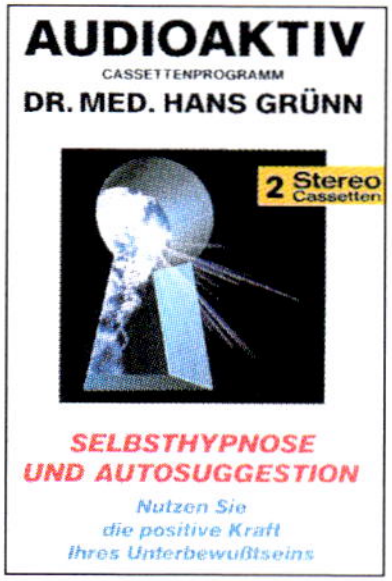

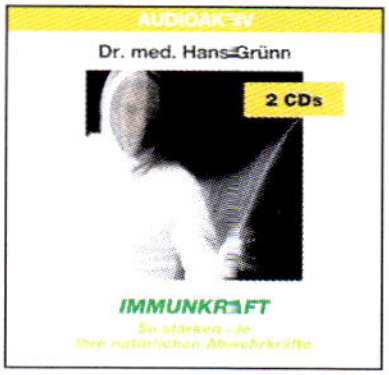

Immunkraft
Liegt Ihnen Ihre Gesundheit am Herzen? Dann müssen Sie vor allem auf Ihr Immunsystem achten. Denn die meisten Erkrankungen sind die Folge eines geschwächten Immunsystems. Dr. med. Hans Grünn zeigt Ihnen, wie Sie die natürlichen Abwehrkräfte Ihres Körpers dauerhaft stärken.
(2 Audio-Cass. · Best.-Nr. 506 · 18,90 € · 37,80 sFr / 2 CDs · Best.-Nr. 241 · 23,90 € · 47,80 sFr)

Selbsthypnose/Autosuggestion
Mit Selbsthypnose und Autosuggestion lassen sich im Unterbewusstsein schlummernde positive Kräfte aktivieren und für Verhaltensänderungen und Heilungsprozesse nutzbar machen. Deshalb wird diese Methode heute von vielen Ärzten und Therapeuten empfohlen.
(2 Audio-Cass. · Best.-Nr. 504 · 18,90 € · 37,80 sFr)

Meditation
Die Meditation ist ein traditionsreicher Weg, mit Gelassenheit durchs Leben zu gehen und innere Stabilität und Lebensfreude zu gewinnen. Ein kompletter Kurs mit Dr. med. Hans Grünn, der Sie Schritt für Schritt und leicht verständlich in verschiedene Meditationstechniken einführt.
(2 Audio-Cass. · Best.-Nr. 505 · 18,90 € · 37,80 sFr / 2 CDs · Best.-Nr. 240 · 23,90 € · 47,80 sFr)

Progressive Muskelentspannung
Die Progressive Muskelentspannung lässt sich nicht nur leicht lernen, sondern auch überall und jederzeit anwenden. Bereits nach den ersten Übungen werden Sie ihre angenehme Wirkung erleben.
(2 Audio-Cass. · Best.-Nr. 509 · 18,90 € · 37,80 sFr / 2 CDs · Best.-Nr. 244 · 23,90 € · 47,80 sFr)

Schlank durch richtiges Essen
Wollen Sie auf gesunde Weise schlank werden? Dann vergessen Sie alle Diäten! Entscheidend ist, den Stoffwechsel zu beschleunigen. Nur dann verbrennen Sie Kalorien, statt sie als Fett zu speichern.
(2 Audio-Cass. · Best.-Nr. 508 · 18,90 € · 37,80 sFr)

AUDIOAKTIV

Bruyere · Chopra · Hendricks

Richtig atmen
Wir atmen täglich 20.000 Mal ein und aus. Dennoch achten wir nur selten auf unseren Atem. Damit entgeht uns eine natürliche Möglichkeit, unser Wohlbefinden und unsere Leistungsfähigkeit zu steigern. Der bekannte Atemtherapeut Gay Hendricks zeigt Ihnen vier Atemtechniken, mit denen Sie sich entspannen, Ihre Konzentration verbessern, mehr Kraft und Energie gewinnen und gelassener mit emotionalen Schwankungen umgehen können.
(2 Audio-Cass. · Best.-Nr. 803 · 19,90 € · 39,80 sFr / 2 CDs · Best.-Nr. 247 · 23,90 € · 47,80 sFr)

Länger leben und jung bleiben
Dr. Deepak Chopra enthüllt das Geheimnis, wie Sie länger leben und körperlich und geistig jung bleiben. Sie erfahren, was die Forschung über die Lebensweise und die inneren Einstellungen von sehr alten Menschen herausgefunden hat. Wenn Sie das richtige Bewusstsein entwickeln, Ihre mentale Unabhängigkeit und Kreativität bewahren, richtig essen und den Stress aus Ihrem Leben verbannen, können Sie nicht nur ein hohes Alter erreichen, sondern auch viele lebenswerte Jahre dazugewinnen.
(2 Audio-Cass. · Best.-Nr. 801 · 19,90 € · 39,80 sFr)

Chakra Heilung
Während eines Forschungsprojektes gelangen der Heilerin Rosalyn L. Bruyere und Dr. Valerie Hunt der wissenschaftliche Nachweis, dass es menschliche Energiefelder gibt. Rosalyn L. Bruyere erklärt die Funktionen und Aufgaben der sieben Haupt-Chakras, ihre Verbindung zu den Körperorganen und wie sie zur körperlichen und seelischen Heilung eingesetzt werden können.
(2 Audio-Cass. · Best.-Nr. 802 · 19,90 € · 39,80 sFr)

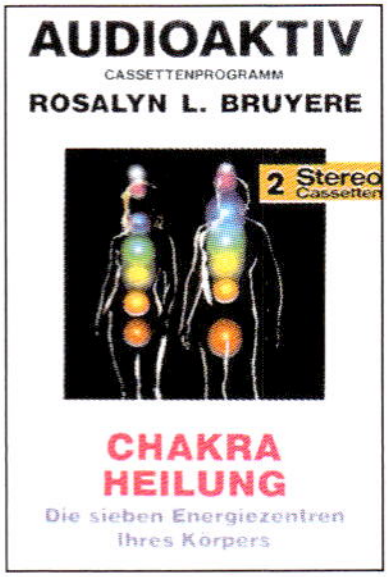

actiVideo

Die Video-Reihe

Klaus Haak

Das Autogene Training hat bereits unzähligen Menschen geholfen, sich tief zu entspannen und die Gesundheit entscheidend zu verbessern. Klaus Haak führt Sie in einem zweiteiligen Video-Kurs leicht verständlich in diese bewährte Selbsthilfetechnik ein.

(2 Videos · Best.-Nr. 1855 · ca. 120 Min. · 39,90 € · 79,80 sFr)

Dr. Hans Grünn

Immer mehr Menschen entdecken die Vorzüge der Meditation. Sie wird auch zunehmend von Ärzten als Entspannungstechnik empfohlen. Dr. Hans Grünn macht Sie mit der Meditation bekannt. Sie erfahren, welche Ideen dahinterstecken und wie sich die Übungen im Alltag einsetzen lassen.

(Video · Best.-Nr. 1850 · ca. 50 Min. · 19,90 € 39,80 sFr)

Ali MacGraw

Weltstar Ali MacGraw und der Yoga-Experte Erich Schiffmann haben ein beeindruckend schönes Yoga-Video geschaffen. Es ist nicht nur eine hervorragende Anleitung für Anfänger und Fortgeschrittene, sondern auch ein Fest für Augen und Ohren. Sie werden begeistert sein!

(Video · Best.-Nr. 1834 · ca. 55 Min. · 19,90 € · 39,80 sFr)

Elle Macpherson

Supermodel Elle Macpherson und die bekannte Fitness-Expertin Karen Voight — genau das richtige Team für ein faszinierendes Workout-Video. Elle und Karen zeigen Ihnen, was ein gut konzipiertes Workout bewirken kann. Sie werden so fit und schlank, wie Sie schon immer sein wollten!

(Video · Best.-Nr. 1842 · ca. 55 Min. · 19,90 € · 39,80 sFr)

Patricia Walden
Rodney Yee

Der preisgekrönte und weltweit meistverkaufte Yoga-Lehrgang auf Video.

Die international bekannten Yoga-Lehrer Patricia Walden und Rodney Yee haben fünf in sich abgeschlossene Yoga-Kurse geschaffen. Alle Haltungen und Übungen werden Schritt für Schritt erklärt. Entdecken Sie, wie wertvoll Yoga für Ihre Gesundheit und innere Ausgeglichenheit ist.

Patricia Walden – Grundkurs
(Video · Best.-Nr. 1802 · ca. 80 Min. · 19,90 € · 39,80 sFr)

Patricia Walden / Rodney Yee – Entspannung
(Video · Best.-Nr. 1825 · ca. 75 Min. · 19,90 € · 39,80 sFr)

Patricia Walden – Flexibilität
(Video · Best.-Nr. 1824 · ca. 75 Min. · 19,90 € · 39,80 sFr)

Rodney Yee – Lebensenergie
(Video · Best.-Nr. 1841 · ca. 60 Min. · 19,90 € · 39,80 sFr)

Rodney Yee – Kräftigung
(Video · Best.-Nr. 1826 · ca. 75 Min. · 19,90 € · 39,80 sFr)

Kathy Smith

Kathy Smith gehört seit vielen Jahren zu den anerkannten Fitness-Experten. Ihre zahlreichen Fitness-Videos haben Millionen von begeisterten Fans gefunden.

Wenn Sie Ihren Körper gezielt trainieren wollen, ist die Body-Sculpting-Methode genau das Richtige für Sie. Auf diesen beiden Videos zeigt Ihnen Kathy Smith, wie Sie die kritischen Stellen Ihres Ober- und Unterkörpers durch speziell dafür geschaffene Übungen festigen können.

Wie bei allen Fitness-Videos von Kathy Smith werden alle Bewegungen sorgfältig beschrieben und Schritt für Schritt vorgeführt.

Teil 1 — Upper Body
(Video · Best.-Nr. 1820 · ca. 45 Min. · 19,90 € · 39,80 sFr)

Teil 2 — Lower Body
(Video · Best.-Nr. 1821 · ca. 50 Min. · 19,90 € · 39,80 sFr)

Kathy Smith

Die amerikanische Fitness-Queen hat drei komplette Übungsprogramme entwickelt, die jeweils 20 Minuten dauern — Fitness, Straffung, Stretching. Mit ihnen werden Sie in kürzester Zeit Ihre Traumfigur erlangen. Sie können die drei Programme je nach Ihren persönlichen Bedürfnissen kombinieren.

(Video · Best.-Nr. 1814 · ca. 70 Min. · 19,90 € · 39,80 sFr)

Terence Pang-Yen Dunn

Tai Chi weckt und harmonisiert das Chi, die Lebenskraft, in unserem Körper. Gleichzeitig verbindet es Körper, Geist und Seele, was zu einer ganzheitlichen Wahrnehmung der eigenen Person und zu einer entspannten Haltung gegenüber den Anforderungen des Alltags führt.

Ein klassischer Tai-Chi-Lehrgang für Anfänger und Fortgeschrittene. Der Tai-Chi-Lehrer Terence Pang-Yen Dunn führt Sie leicht verständlich und Schritt für Schritt durch die Grundhaltungen (Teil 1), zeigt Ihnen 47 Haltungen der Yang-Kurzform (Teil 2) und 108 Haltungen der Yang-Langform (Teil 3).

Der meistverkaufte Lehrgang auf Video, der Sie in die Welt dieser traditionellen chinesischen Körperübungen einführt.

Teil 1 - Grundhaltungen
(Video · Best.-Nr. 1822 · ca. 50 Min. · 19,90 € · 39,80 sFr)

Teil 2 - Yang Kurzform
(Video · Best.-Nr. 1823 · ca. 70 Min. · 19,90 € · 39,80 sFr)

Teil 3 - Yang Langform
(Video · Best.-Nr. 1840 · ca. 70 Min. · 19,90 € · 39,80 sFr)

Jerry Alan Johnson

Qi Gong („mit der Lebensenergie arbeiten") sind traditionelle Bewegungs- und Atemübungen aus China. Mit ihnen wird das Chi — die Lebenskraft — aktiviert. Der Qi-Gong-Lehrer Jerry Alan Johnson führt Sie Schritt für Schritt in die Grundübungen ein. Qi Gong gibt nicht nur neue Energie, sondern schenkt auch Ruhe und Gelassenheit.

(Video · Best.-Nr. 1839 · ca. 45 Min. · 19,90 € · 39,80 sFr)

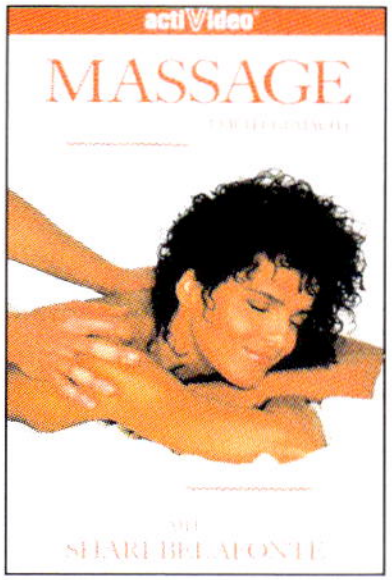

Shari Belafonte

Shari Belafonte und zwei erfahrene Massage-Experten zeigen, wie man eine wundervoll entspannende Massage gibt. Sie lernen über fünfzig wirksame Griffe für den ganzen Körper. Außerdem bringt Ihnen Shari Belafonte eine Reihe von wirkungsvollen „Stress-Lösern“ bei. Auf diese Weise können Sie sich mit einigen gezielten Massagegriffen selbst entspannen.

(Video · Best.-Nr. 1801 · ca. 60 Min. · 19,90 € · 39,80 sFr)

Francesca Witherby

Aromatherapie und Massage sind eine wunderbare Kombination, um den Körper zu verwöhnen und sich gleichzeitig vollkommen zu entspannen. Francesca Witherby, eine erfahrene Aroma- und Massagetherapeutin, zeigt Ihnen nicht nur, wie Sie die verschiedenen Aroma-Öle anwenden, sondern führt Sie auch in die Grundtechniken der Massage ein. Alle Massagegriffe werden leicht verständlich vorgeführt.

(Video · Best.-Nr. 1846 · ca. 30 Min. · 19,90 € · 39,80 sFr)

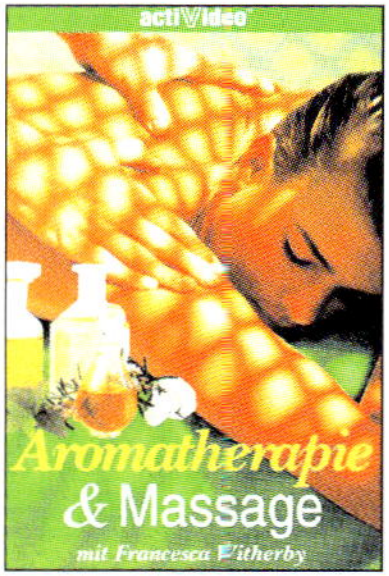

Pat Morita

Shiatsu ist eine alte asiatische Massagetechnik. Mit Finger, Daumen und Handballen wird der Energiefluss im Körper angeregt. Vor allem bei Stress, Kopfschmerzen, Verspannungen, Depressionen und Rückenschmerzen entfaltet Shiatsu seine heilenden Wirkungen. Pat Morita macht Sie mit den Grundtechniken vertraut und zeigt außerdem, wie man sich selbst massieren kann.

(Video · Best.-Nr. 1816 · ca. 35 Min. · 19,90 € · 39,80 sFr)

Christine Unseld-Baumanns

Eine Partnermassage sind nicht nur Streicheleinheiten für Körper und Seele. Sie ist auch eine faszinierende Reise über den Körper, die das Einfühlungsvermögen und die Sensibilität erhöht. Und natürlich ist sie eine wunderbare Gelegenheit, die Sinnlichkeit neu zu entdecken.

(Video · Best.-Nr. 1857 · ca. 45 Min. · 19,90 € · 39,80 sFr)

Denise Austin

„You can do it!", meint Denise Austin. Selbst wenn Sie seit Jahren nichts für Ihre Fitness getan haben, wird es Ihnen mit diesen beiden Videos der Reihe „Extra light" auf Anhieb leicht fallen.
Denise Austin über ihr Video „Grundfitness": „Ich habe die Übungen speziell für Anfänger zusammengestellt. Das Mitmachen ist ganz einfach, und man überfordert den Körper nicht. Deshalb wird es Ihnen leichtfallen, dranzubleiben."
Und zum Video „Straffen und festigen" meint sie: „Wenn Sie eine Büchse Bohnen hochheben können, dann können Sie auch hier mitmachen. Je mehr Sie Ihre Muskeln einsetzen, desto mehr Kalorien verbrennen Sie. Ich zeige Ihnen den einfachsten Weg, wie Sie Ihren Körper in Form bringen und dauerhaft schlank werden." Mit Denise Austin macht jede Fitness-Übung Spaß!

Grundfitness
Video · Best.-Nr. 1853 · ca. 35 Min. · 17,90 € · 34,80 sFr

Straffen und festigen
Video · Best.-Nr. 1854 · ca. 35 Min. · 17,90 € · 34,80 sFr

Denise Austin

Auf diesen Videos zeigt Ihnen Denise Austin, wie man beim Gehen schlank und fit wird. Walking ist ein sanftes und sicheres Fitness-Programm. Es eignet sich für jedes Alter. Selbst wenn Sie noch kein bisschen fit sind, können Sie sofort loslegen. – Dass man Walking auch zu Hause machen kann, demonstriert Denise Austin bei der Indoor-Version. Walking wird hier mit Übungen aus anderen Sportarten verbunden. Damit sind die Indoor-Übungen die ideale Ergänzung zum Walking im Freien.

Outdoor-Version
Video · Best.-Nr. 1831 · ca. 45 Min. · 19,90 € · 39,80 sFr

Indoor-Version
Video · Best.-Nr. 1832 · ca. 55 Min. · 19,90 € · 39,80 sFr

Carolyn Bradley

Wollen Sie In-Line Skating lernen? Oder Ihre Fahrtechnik verbessern? Ein ideales Video für Anfänger und Fortgeschrittene! Sie lernen alles, vom Start bis zum Figurenfahren. Alles wird leicht verständlich erklärt. In-Line Skating macht Spaß und hält fit! Carolyn Bradley ist In-Line-Skating-Lehrerin und Direktorin des Camp Rollerblade.

(Video · Best.-Nr. 1843 · ca. 40 Min. · 19,90 € · 39,80 sFr)

John McEnroe Ivan Lendl

Welcher Tennisfan würde nicht gern bei zwei der größten Tennisspieler aller Zeiten Trainingsstunden nehmen? Mit diesem Video wird es möglich! Die beiden Tennislegenden verraten die Geheimnisse ihres Spiels. Ob Sie Anfänger oder Fortgeschrittener sind: Mit diesem Video werden Sie Ihr Tennisspiel in kürzester Zeit entscheidend verbessern.

(Video · Best.-Nr. 1812 · ca. 50 Min. · 19,90 € · 39,80 sFr)

Chuck Hogan

Wenn man besser Golf spielen will, kommt es auf die richtige Mischung aus Technik und mentaler Stärke an. Der bekannte Golflehrer Chuck Hogan, der bereits viele Pros zum Erfolg geführt hat, zeigt hier, wie man sich beides aneignet. Das ideale Lehrvideo für Anfänger und Fortgeschrittene. Golf-Guru David Leadbetter: „Wenn Sie Golf lernen wollen, dann am besten mit NICE SHOT!“

(Video · Best.-Nr. 1851 · ca. 60 Min. · 25,90 € · 49,30 sFr)

Albrecht Pflüger

Karate ist eine faszinierende fernöstliche Kampfsportart. Sie verbessert nicht nur die Fitness und Körperbeherrschung, sondern auch die Konzentrations- und Reaktionsfähigkeit. Ein leicht verständlicher und nachvollziehbarer Videokurs von Karate-Meister Albrecht Pflüger, in dem die grundlegenden Angriffs- und Abwehrtechniken vorgestellt werden.

(Video · Best.-Nr. 1859 · ca. 45 Min. · 19,90 € · 39,80 sFr)

Marsha Wenig

Ein bezauberndes Yoga-Video für Kinder. Mit Liebe und Einfühlungsvermögen werden 20 einfache Yoga-Übungen vorgestellt und Schritt für Schritt geübt. Dazu gibt es viele lustige Beispiele aus der Tierwelt. Eine gelungene Kombination aus sinnvollem Lernen und kräftigenden Körperübungen. Yoga wird heute zunehmend von Kinderärzten und Kinderpsychologen empfohlen.

(Video · Best.-Nr. 1844 · ca. 35 Min. · 15,90 € · 29,80 sFr)

Klaus Haak

Auch Kinder sind heute zunehmend Stress ausgesetzt. Das kann zu Nervosität, Aggressionen, Lernschwächen und Schlafstörungen führen. Klaus Haak, Lehrer für Autogenes Training, zeigt, wie man diese bewährte Entspannungsmethode zusammen mit Geschichten und Märchen bei Kindern einsetzen kann. Ein einfühlsamer Videokurs, der bereits vielen Kindern und Eltern geholfen hat.

(Video · Best.-Nr. 1856 · ca. 60 Min. · 19,90 € · 39,80 sFr)

Videos für Kinder

www.langemedia.de

Dr. Robert Peroutka

Gehören Sie zu den Menschen, die immer wieder unter Rückenschmerzen leiden? Dann ist dieses Video genau das Richtige für Sie. Denn Rückenschmerzen müssen nicht sein! Sie erfahren, wie sie entstehen und welche Bewegungen Sie vermeiden müssen. Danach lernen Sie Schritt für Schritt die besten Übungen, mit denen Sie sich von Ihren Schmerzen befreien können.

(Video · Best.-Nr. 1847 · ca. 30 Min. · 17,90 € · 39,80 sFr)

Klaus Haak

Verspannungen der Nacken- und Schultermuskulatur können zu äußerst unangenehmen Schmerzen im Nacken- und Rückenbereich führen. Sie lernen spezielle Gymnastik- und Entspannungsübungen kennen, die Ihre Muskulatur lockern und Ihnen unnötige Rückenbeschwerden ersparen.

(Video · Best.-Nr. 1863 · ca. 60 Min. · 19,90 € · 39,80 sFr)

Klaus Haak

Da Rückenschmerzen verschiedene Ursachen haben können, setzt die neue Rückenschule an mehreren Punkten an. Dazu gehört vor allem, dass wir unseren Körper bewusst wahrnehmen. Anhand vieler Beispiele wird gezeigt, wie man falsche Bewegungen und Körperhaltungen vermeidet. Außerdem erlernen Sie bewährte Kräftigungs- und Dehnungsübungen.

(Video · Best.-Nr. 1862 · ca. 60 Min. · 19,90 € · 39,80 sFr)

Lieselotte Keller/ Prof. Erich Schmitt

Wenn Sie sich wenig bewegen und häufig falsche Körperhaltungen einnehmen, ist die Gefahr groß, dass Sie früher oder später unter Bandscheibenschäden leiden. Diese gezielte Bandscheibengymnastik beugt degenerativen Veränderungen Ihrer Wirbelsäule vor und hilft bei Bandscheibenvorfällen.

(Video · Best.-Nr. 1864 · ca. 60 Min. · 19,90 € · 39,80 sFr)

Dr. Arthur Ulene

Wollten Sie nicht längst mit dem Rauchen aufhören? Vielleicht haben Sie es sogar bereits unzählige Male versucht. Mit diesem Video werden Sie es endlich schaffen! Ein seit langem bewährtes und sehr wirksames Entwöhnungsprogramm von Dr. med. Arthur Ulene, mit dessen Hilfe schon viele Nichtraucher geworden sind.

(Video · Best.-Nr. 1810 · ca. 60 Min. · 19,90 € · 39,80 sFr)

Dr. Arthur Ulene

Stress, sei es im Berufs- oder Privatleben, ist die Ursache vieler Krankheiten. Deshalb sollten Sie unbedingt lernen, wie man ihn vermindern oder sogar weitgehend vermeiden kann. Dr. med. Arthur Ulene zeigt Ihnen, welche Entspannungsübungen Ihnen dabei helfen können. Sie können sofort mitmachen.

(Video · Best.-Nr. 1811 · ca. 60 Min. · 19,90 € · 39,80 sFr)

Dr. Angelika Sigl

Allein in Deutschland erleiden jedes Jahr ca. 200.000 Menschen eine Schlaganfall. Fast die Hälfte von ihnen sind noch im erwerbsfähigen Alter. Dieser Video-Ratgeber informiert über die Rehabilitations- und Therapiemöglichkeiten und zeigt viele praktische Hilfen für die Zeit nach dem Schlaganfall und wie sich der Alltag meistern lässt.

(Video · Best.-Nr. 1860 · ca. 60 Min. · 19,90 € · 39,80 sFr)

Klaus Haak

Haben Sie schon einmal darüber nachgedacht, Ihren Körper durch Heilfasten zu reinigen und zu regenerieren? Denn Fasten ist eine ideale Möglichkeit, die Selbstheilungskräfte des Körpers zu aktivieren und neue Lebensenergie zu gewinnen. Dieses Video informiert Sie über alles, was Sie über Fasten wissen müssen, so dass Sie anschließend Ihr eigenes Fastenprogramm beginnen können.

(Video · Best.-Nr. 1858 · ca. 60 Min. · 19,90 € · 39,80 sFr)

Denise Austin

Denise Austin ist eine der bekanntesten Fitness-Expertinnen. Die vier Videos der Reihe „The Beauty Workout“ wurden speziell für die Problemzonen Arme und Brust, Bauch und Taille, Po und Hüften sowie für die Oberschenkel geschaffen. Sie lassen sich nach Belieben kombinieren, so dass Sie sich Ihr eigenes Trainingsprogramm zusammenstellen können. Denise Austin: „Wenn Sie nur jeden zweiten Tag eine 10-minütige Übung machen, werden Sie bereits nach sechs Wochen das Resultat sehen!“

Arme und Brust
(Video · Best.-Nr. 1835 · ca. 35 Min. · 17,90 € · 34,80 sFr)

Bauch und Taille
(Video · Best.-Nr. 1836 · ca. 35 Min. · 17,90 € · 34,80 sFr)

Po und Hüften
(Video · Best.-Nr. 1837 · ca. 35 Min. · 17,90 € · 34,80 sFr)

Oberschenkel
(Video · Best.-Nr. 1838 · ca. 35 Min. · 17,90 € · 34,80 sFr)

Kathy Smith

Ein zweiteiliges Fitness-Programm, das Sie begeistern wird! Teil 1: Ideal für den Anfänger. Leichte Übungen und langsames Tempo. Mit speziellen Übungen lösen Sie die Fettpölsterchen in kritischen Bereichen wie Hüften, Bauch, Po und Oberschenkel. Teil 2: Neue Übungen in gesteigertem Tempo. Noch mehr Tanzelemente und mitreißende Musik. Dazu viele Ernährungstipps!

Teil 1:
(Video · Best.-Nr. 1807 · ca. 60 Min. · 19,90 € · 39,80 sFr)

Teil 2:
(Video · Best.-Nr. 1808 · ca. 70 Min. · 19,90 € · 39,80 sFr)

David Carradine

Tai Chi sind traditionelle chinesische Körperübungen, die fit und geschmeidig halten und außerdem die Widerstandskraft des Körpers gegen Krankheiten erheblich verbessern. David Carradine und der Tai-Chi-Lehrer Sifu Kam Yuen zeigen Ihnen eine Reihe von Grundübungen. Sie können gleich mitmachen.

(Video · Best.-Nr. 1813 · ca. 60 Min. · 19,90 € · 39,80 sFr)

David Carradine

David Carradine hat ein außergewöhnliches Fitness-Programm geschaffen. Die alte chinesische Kampfsportart Kung Fu gibt nicht nur Power, sondern auch neues Selbstvertrauen und stärkt außerdem die mentalen Kräfte. Sie lernen fünf Kung-Fu-Grundübungen: Die Schlange, den Tiger, den Leopard, den Kranich und den Drachen.

(Video · Best.-Nr. 1805 · ca. 60 Min. · 19,90 € · 39,80 sFr)

Estelle Getty

Älter werden und fit bleiben — wie geht das? Lassen Sie es sich von Estelle Getty, dem Star der bekannten Fernseh-Serie „Golden Girls“, zeigen. Estelle, der Fitness-Experte Raphael Picaud und der Arzt Dr. William Levin präsentieren ein komplettes Fitness-Programm, das speziell für Menschen ab 50 entwickelt wurde. Estelle ist außerdem die beste Garantie dafür, dass es nicht langweilig wird. Und natürlich kommt auch der Humor nicht zu kurz.

(Video · Best.-Nr. 1819 · ca. 60 Min. · 19,90 € · 39,80 sFr)

Gloria Martel

Wenn die Spannkraft der Gesichtsmuskeln nachlässt, sind die ersten Anzeichen des Alterns zu sehen. Doch Stirnfalten, Doppelkinn, Krähenfüße und all die anderen Fältchen müssen nicht sein. Denn wie andere Muskeln kann man auch die Gesichtsmuskeln festigen und auf diese Weise die Haut straffen. Gloria Martel zeigt Ihnen wirksame isometrische Übungen für Stirn, Augen, Mund, Wangen, Kinn und Hals. Sie werden schnell die ersten Erfolge sehen.

(Video · Best.-Nr. 1849 · ca. 30 Min.· 19,90 € · 39,80 sFr)

Alima Cameron/ Zeno Coleman

Seit langem praktiziert man in Tibet Körperübungen, die sich sehr positiv auf die geistige und körperliche Gesundheit auswirken. Sie stimulieren und harmonisieren wichtige Körperfunktionen, was zu mehr Energie und Vitalität führt und den Alterungsprozess verlangsamt. Alle Übungen werden leicht nachvollziehbar vorgeführt und Schritt für Schritt erklärt. Für jedes Alter.

(Video · Best.-Nr. 1848 · ca. 35 Min. · 19,90 € · 39,80 sFr)

Lilias Folan

Lernen Sie einfach anzuwendende Übungen, die Sie geschmeidig und flexibel halten. Die Körpertherapeutin Lilias Folan legt dabei besonderen Wert auf die Stärkung des Rückens. Das beugt nicht nur Rückenschmerzen vor, sondern hilft auch bei bereits bestehenden Rückenproblemen. Die sanften Übungen haben außerdem eine wunderbar entspannende Wirkung, womit Sie den Alltagsstress hinter sich lassen können.

(Video · Best.-Nr. 1817 · ca. 60 Min. · 19,90 € · 39,80 sFr)

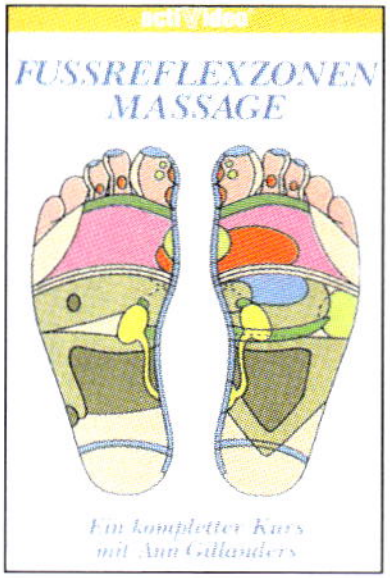

Ann Gillanders

Haben Sie schon einmal erlebt, wie gut man bei einer Fußreflexzonenmassage entspannen kann? Sie verschafft neue Energie und hilft außerdem bei vielen Gesundheitsproblemen wie Kopfschmerzen, Schlaflosigkeit, Depressionen, Arthritis, Rückenschmerzen, Herzkrankheiten und Asthma. Die Expertin Ann Gilanders führt Sie in die Fußreflexzonenmassage ein. Anschließend können Sie selbst eine Massage geben.

(Video · Best.-Nr. 1852 · ca. 75 Min. · 19,90 € · 39,80 sFr)

Atéa

Der Bauchtanz wird von immer mehr Frauen entdeckt. Lassen auch Sie sich von ihm begeistern. Mit diesem kompletten Kurs lernen Sie die Geheimnisse der magischen Bewegungen, die seit jeher Tanzende und Zuschauer verzaubern. Die Bauchtanzlehrerin Atéa führt Sie in die Grundlagen und weiterführenden Übungen ein. Sie lernen mit Fingerzimbeln umzugehen und erhalten außerdem Anregungen für Ihr Bauchtanz-Kostüm.

(Video · Best.-Nr. 1818 · ca. 60 Min. · 19,90 € · 39,80 sFr)

Sierra Swan / Jane Hajduk / Colin Handley

Drei mitreißende Fitness-Videos mit viel Tempo und Drive! Sie können sie unabhängig voneinander oder zusammen einsetzen.

Young Body mit Sierra Swan bringt Sie voll in Fahrt und macht Sie richtig fit und schlank. — Dream Body mit Jane Hajduk nimmt zusätzlich Ihre Problemzonen ins Visier. — Power Body ist ein intensives und herausforderndes Workout mit dem australischen Black Belt-Champion Colin Handley.

Motivierende Fitness-Videos der neuen Generation, die Sie einfach begeistern werden.

Young Body
(Video · Best.-Nr. 1828 · ca. 30 Min. · 19,90 € · 39,80 sFr)
Dream Body
(Video · Best.-Nr. 1829 · ca. 45 Min. · 19,90 € · 39,80 sFr)
Power Body
(Video · Best.-Nr. 1830 · ca. 45 Min. · 19,90 € · 39,80 sFr)

www.langemedia.de

Franziska van Almsick

Fit mit Franzi. Lassen Sie sich von Deutschlands beliebter Sportlerin zeigen, wie man fit und schlank bleibt. Machen Sie Ihr Zuhause zu Ihrem persönlichen Fitness-Studio. Ein Fitness-Kurs für Anfänger und Fortgeschrittene. Jedem Video liegt eine Autogrammkarte bei.

(Video · Best.-Nr. 1815 · ca. 60 Min. · 19,90 € · 39,80 sFr)

Mia Schmidt

Schmerzen, Bewegungseinschränkungen und Knochenbrüche selbst bei geringer Belastung — so sehen die Folgen der Osteoporose aus. Doch niemand ist dem krankhaften Knochenschwund hilflos ausgeliefert. Diese speziellen Gymnastikübungen stoppen oder reduzieren den Knochenabbau und mindern das Risiko von Knochenbrüchen. Außerdem bauen sie Ängste und Unsicherheiten ab.

(Video · Best.-Nr. 1861 · ca. 60 Min. · 19,90 € · 39,80 sFr)

Klaus Haak

Ob Sie kurz- oder weitsichtig sind, mit diesem Augentraining werden Sie Ihre Sehfähigkeit erheblich verbessern. Außerdem schulen Sie damit Ihr allgemeines Wahrnehmungsvermögen. Klaus Haak führt Sie durch eine Reihe bewährter Entspannungs-, Seh- und Augenübungen, die speziell zu diesem Zweck entwickelt wurden

(Video · Best.-Nr. 1865 · ca. 60 Min. · 19,90 € · 39,80 sFr)

Das Buch von Dr. med. Hans Grünn

Die innere Heilkraft

Niemand ist einer Krankheit schutzlos ausgeliefert, sei es eine harmlose Erkältung, Herzinfarkt oder Krebs. Wir alle verfügen über innere Heilkräfte, die uns selbst in scheinbar ausweglosen Situationen zur Verfügung stehen. Ein faszinierendes und hochaktuelles Buch für jeden, der an seiner Gesundheit interessiert ist.
Der in Kalifornien lebende und praktizierende Arzt Dr. med. Hans Grünn zeigt anhand der Forschungsergebnisse der Psycho-Neuro-Immunologie, welch starken Einfluss die Seele auf unseren Körper hat. Diese neue Wissenschaft machte in den letzten Jahren weitreichende Entdeckungen: Viele bisher unbekannte körpereigene Heilungssubstanzen bilden eine „innere Apotheke“, zu der wir alle Zugang haben. Das verändert nicht nur die Zukunft der Medizin, sondern bietet uns die Chance, Krankheiten wirksam vorzubeugen und auf Heilungsprozesse entscheidenden Einfluss zu nehmen.

(4. Auflage 2003, ca. 200 Seiten, 14,90 €, 29,80 sFr)

CDs — Cassetten — Videos — Bücher

Gesundheit — Selbsthilfe — Fitness — Sport

LANGE MEDIA VERLAG

www.langemedia.de

LANGE MEDIA AUDIO | LANGE MEDIA VIDEO | LANGE MEDIA BUCH